FERRAN RAMON-CORTÉS

El cuaderno de bitácora

Una travesía hacia el descubrimiento de las claves de la comunicación personal

RBA

El cuaderno de bitácora

Título original: *El quadern de bitàcola*
Autor: Ferran-Ramon Cortés
Traducción: Aro Sainz de la Maza
Diseño de cubierta: Opalworks
Compaginación: David Anglès

Pérez Galdós, 36 – 08012 Barcelona
www.rbalibros.com / rba-libros@rba.es

Ref: OALR116
ISBN: 84-7871-822-2
Depósito legal: B-40947-2006
Impreso por Printer

A mi padre, a quien debo mi amor y respeto por el mar.

Índice

Introducción

Querido Max,

Espero que hayas llegado bien.

Te escribo con el recuerdo de nuestro último encuentro bien presente y con la urgencia de compartir contigo mi inquietud.

Anoche, Sonia y yo discutimos. No tengo claro el motivo exacto que originó la disputa, pero sí me acuerdo que, tras cruzarnos varios reproches, sus palabras terminaron con una declaración rotunda: «No eres el de antes, ya no me ayuda hablar contigo». Estas palabras me hirieron profundamente, Max, te lo aseguro.

Hoy por la mañana, después de pasar toda la noche en blanco, he tenido la tentación de desquitarme, de defenderme; de echarle la culpa a ella y de encontrar infinitas excusas para justificar mi comportamiento. Pero algo dentro de mí, por fortuna, me ha impedido que reaccionara de esta manera. He salido a tomar el aire, he dejado que el frescor de la mañana despertara mis sentidos y, por un instante, en vez de pensar en un contraataque, he intentado ponerme en su piel y sentir lo que ella debía de haber sentido con los reproches de la pasada noche. Entonces me he preguntado: ¿Y si tiene razón?

De pronto, y con toda claridad, me ha aparecido la imagen de mí mismo durante los últimos meses. De un tiempo a esta parte me he visto inmerso en un gran número de conflictos tanto con Sonia como con mis hijas, pero también en el trabajo y con otra gente. Y en todos ellos he desempeñado un papel protagonista. Así pues, no hay duda de que alguna cosa dentro de mí está fallando.

Al darme cuenta, un escalofrío ha recorrido todo mi cuerpo. Hasta ahora he cerrado los ojos, no he sido lo suficientemente valiente para afrontarlo, y me he limitado a culpar a los demás. Pero llegados a este punto, ya no me valen las excusas. Ahora veo que, a pesar de que intento resolver los conflictos en que me encuentro con toda mi voluntad, no acabo de lograrlo. Mi comunicación con los demás tiene carencias, no es como tendría que ser, y, en vez de mejorar mis relaciones, lo que hace es generar más conflictos. En definitiva, no soy capaz de comunicarme de forma constructiva con los demás.

No sé cómo he llegado a esta situación ni cómo salir de ella. Todo lo que he podido hacer hasta ahora es aceptarlo, lo que tú siempre me has dicho que ya es un primer paso. Pero no sé cómo seguir el resto del camino.

Un fuerte abrazo,

Ferran

Ésta es la carta que envié a Max con la esperanza de que me echara una mano. Tan sólo unos días antes habría podido acudir a él directamente y mantener una de nuestras grandes conversaciones, pero ahora estaba lejos. Mi profesor y amigo, con el que había tenido la oportunidad de compartir todo un año y muchísimas enseñanzas, ya había finalizado su estancia en Barcelona y regresado a su país para continuar con su trabajo de formación. De este modo, separados por cinco mil kilómetros de distancia, sólo podía comunicarme con él a través de la correspondencia.

Sabía que Max no es amigo de dar consejos, y mucho menos soluciones. Él quiere que seamos nosotros mismos los que resolvamos nuestros problemas; nos puede ayudar a encontrar el camino, pero es cosa nuestra recorrerlo. Así, no podía esperar que hiciera mis deberes por mí, pero sabía que no me iba a quedar sin respuesta. Y fuera ésta la que fuera, estaba convencido de que me sería tan útil como había sido en tantas otras ocasiones.

Transcurrieron bastantes días sin que tuviera noticias suyas y, como es habitual en mí, comencé a impacientarme. Por fin, una mañana recibí por correo un paquete no muy grande. Su nombre figuraba en el remitente. Expectante, y muy sorprendido (pues me esperaba una carta y no un paquete), lo abrí de inmediato. Todo lo que encontré fue un pequeño cuaderno, antiguo y gastado, con unas gruesas cubiertas azules en las que estaba impreso el siguiente título: «Cuaderno de bitácora». Lo acompañaba una brevísima nota manuscrita que decía:

«Convence a Sonia y haceros a la mar. Navegar os descubrirá la magia de la comunicación».

Estaba perplejo. La tan esperada respuesta de Max llegaba en forma de un antiguo cuaderno de bitácora, de los que se utilizan en náutica para anotar todos los acontecimientos que suceden a bordo. Un cuaderno que, además, y como descubrí con gran frustración, tenía las páginas en blanco. Eso sí, lo acompañaba una invitación a navegar. ¿Qué sentido podía tener todo aquello?

Una vez pasado el desconcierto inicial, me detuve a considerar seriamente la propuesta de Max. Y pensé que a lo mejor sí, que quizás era una buena idea, ya que el hecho de encontrarnos los dos, Sonia y yo, solos en alta mar, podía ser una oportunidad ideal para hacer una pequeña pausa en nuestras vidas —con tres pequeños en casa poco tiempo nos quedaba para compartir— y nos permitiría disponer de muchas horas de diálogo.

Max me conocía bien. Sabía que, a poco que lo meditara, no me podría resistir a su propuesta, que el mar me apasionaba y que haría todo lo que estuviera en mi mano para llevar a cabo con Sonia una aventura como aquella.

En seguida lo hablé con ella, era una oportunidad para reencontrarnos el uno con el otro, para recobrar la serenidad y recuperar nuestra comunicación. Sonia se mostró del todo dispuesta a aceptar el reto; para ayudarme, pero también para ayudarse a ella misma. Ambos estábamos de acuerdo en que realizar una travesía, dejando que el mar se nos metiera dentro, que empapara nuestros sentidos, nos ayudaría a ver las cosas con otros ojos, desde un nuevo punto de vista. Así pues, nos pusimos inmediatamente a valorar las opciones de que disponíamos para llevar a cabo la propuesta de Max.

Después de repasar las posibles rutas que podíamos realizar, no tardamos demasiado en decidirnos: coincidimos en la opción de repetir la travesía hasta Menorca, una travesía de unas veinte horas de duración. La habíamos hecho juntos una vez, hacía años, con unos amigos; y, en una segunda ocasión, yo había tenido la oportunidad de repetirla formando parte de una tripulación. Nos gustaba la idea porque conocíamos la travesía y sabíamos que no nos iba a decepcionar, pero también porque íbamos a poner rumbo hacia un destino que adorábamos y donde teníamos muchos de nuestros mejores recuerdos. No fue necesario mucho tiempo para terminar entusiasmándonos con la elección. Dispondríamos de tiempo para nosotros, para hablar, para pensar, para poder hacer un trabajo juntos y para volver a compartir todo lo que habíamos compartido en el pasado.

Ahora que ya habíamos escogido la travesía, sólo nos faltaba una cosa: el barco, preferiblemente uno que conociéramos para no complicarnos demasiado la vida. En seguida pensé en mi amigo Jordi y en su velero de treinta pies, el *Amic*. Lo localicé aquella misma noche y se mostró encantado de cedérnoslo. De hecho, según me dijo, casi le hacíamos un favor porque, de esta manera, se lo dejaríamos en Ciutadella, a punto para sus vacaciones en Menorca, ahorrándole así una travesía que no tenía muchas ganas de volver a hacer en solitario.

Con la agenda en la mano, fijamos como fecha de salida el 20 de julio. Llegaríamos a Menorca al día siguiente, si todo iba bien y la meteorología nos acompañaba —cosa muy probable dado que por aquellas fechas siempre se abre alguna ventana de bonanza para hacer la ruta a las Baleares por mar—, y aprovecharíamos para pasar un par de días en Fornells, donde tenemos una pequeña casa de verano: Sa Cotxeria. En realidad, es un garaje (una *cotxeria* en menorquín) que mi padre reconvirtió en vivienda cuando mi madre y él se fueron a vivir a Menorca, y donde pasaron más de diez años antes de construirse la casa definitiva, una mucho más confortable para vivir durante todo el año. Las dos casas se encuentran en primera línea de mar y comparten el jardín.

* * *

Los días pasaron y poco a poco se fue acercando la fecha fijada para la salida. La previsión meteorológica parecía pronosticar que, si nada cambiaba, podríamos en efecto comenzar nuestro viaje. Habíamos planeado la travesía con mucho esmero, pero apenas habíamos hablado de nuestra tarea principal, de lo que haríamos a bordo, del método de trabajo que nos tendría que conducir, en palabras de Max, «al descubrimiento de la comunicación». Todo lo que teníamos era un cuaderno en blanco, que interpretamos como una sugerencia para anotar en él todas nuestras experiencias. Tendríamos, entonces, que observar, estar muy atentos y descubrir todo lo que fuésemos capaces de descubrir. Desconocedores de un método mejor, decidimos dejarnos llevar por la intuición, abrir bien los ojos y prestar la máxima atención a todo lo que sucediera a nuestro alrededor.

El día antes de partir, envié a Max un breve mensaje:

«Max, no me ha costado mucho convencerla. Nos embarcamos mañana rumbo a Menorca. Tenemos

por delante veinte horas de travesía. Y la ilusión de ser capaces de llenar tu cuaderno».

CAPÍTULO 1

Gregal

20 de julio - 12.05 h

Puerto del Balís, El Maresme.

0 millas recorridas. 113 millas para llegar a destino.

Nada más levantarnos, consulté el último parte meteorológico. Ningún aviso de temporal. Previsión para el norte de Menorca: vientos del primer cuadrante de fuerza 2 a 3, con pérdida de intensidad al anochecer. Por lo tanto, podíamos iniciar sin problemas la travesía. Asimismo, también me informé acerca de la fase en que se encontraba la luna. Era un detalle importante, pues es muy diferente navegar contando con la guía y la luz de la luna que hacerlo completamente a oscuras. Faltaban sólo dos días para la luna llena, lo que significaba que íbamos a hacer el viaje en buena compañía.

Jordi tenía el *Amic* en el puerto del Balís, en el Maresme. Llegamos con el coche lleno hasta los topes de todo lo que nos pensábamos llevar. Habíamos decidido desatracar a primera hora de la tarde. Camino del puerto, eché una ojeada a mar abierto para ver cómo pintaba. Deseaba de todas todas que pudiéramos salir aquella misma tarde tal y como teníamos planeado, no tan sólo por la ilusión de llevar a cabo la travesía propiamente dicha, sino también porque sentía la urgencia de alcanzar lo que debía aprender. Si aquello iba a suponer un giro importante en nuestra comunicación, y sobre todo en nuestras relaciones, cuanto antes lo descubriéramos, mejor.

Llegamos al puerto pasado el mediodía. Lo primero que hice fue acercarme a la bocana para sentir la brisa en la cara. El viento era casi imperceptible, pero seguro que aumentaría a medida que avanzara el día para volver a disminuir, tal y como anunciaba la previsión, al caer la noche. El mar estaba en calma y el cielo, salvo algunas nubes bajas que se apuntaban en el horizonte, prácticamente sereno. No nos podíamos entretener, todavía teníamos que preparar el barco y verificar que todo estuviera a punto para hacernos a la mar. Calculaba que teníamos por delante una hora larga de trabajo antes de poder soltar las amarras.

Concentrados, dejando de lado cualquier otra reflexión, y olvidando por un rato los motivos que nos habían llevado a emprender aquella aventura, empezamos a trabajar metódicamente. En aquellos preparativos nos jugábamos la travesía. No nos podíamos permitir ninguna distracción. Debíamos poner los cinco sentidos en la tarea. Un olvido, cualquier cosa que se nos pasara por alto, podía suponer un problema en alta mar.

Mientras Sonia compraba hielo y algunas provisiones, comencé a revisar el barco de arriba abajo. Los sistemas de gobierno y de comunicación, las baterías, los chalecos salvavidas, los extintores... Verifiqué el correcto funcionamiento del piloto automático y, en cubierta, la arboladura y el velamen, el timón... Como la mayoría de cruceros de hasta treinta pies, el *Amic* no llevaba rueda de timón, sino caña, como la de los veleros deportivos. Esto hace que el piloto automático sea absolutamente imprescindible, ya que sostener durante veinte horas la caña a mano supondría demasiado esfuerzo. Encendí el motor y comprobé el funcionamiento. Llenamos los depósitos y, después, cargamos todo lo que habíamos llevado (agua potable, comida, fruta, ropas de abrigo y trajes de agua, toallas, gorras, crema solar...). Todo estaba en su sitio y a punto.

Acabada la tarea más pesada, la del estricto acondicionamiento del barco, nos dispusimos a trazar la ruta. Por suerte, y a diferencia de mi primera travesía, contábamos con la ayuda del GPS para saber en todo momento dónde nos encontrábamos. En aquella otra ocasión, al navegar sin el aparato, había vivido la incertidumbre de no saber con exactitud dónde estaba y tener, como única guía, las anotaciones de la carta náutica. Varios años después, sin embargo, la tecnología nos procuraba las herramientas necesarias para evitar cualquier imprecisión de localización. Conecté el GPS al mismo tiempo que Sonia desplegaba la carta. Y mientras ella trazaba el rumbo sobre el papel, yo iba programando el aparato.

Teníamos que navegar 107 millas, siempre con rumbo sur-este de 147°, hasta el faro de Punta Nati, en la isla de Menorca. Una vez allí, recorreríamos 3 millas más con rumbo sur-oeste de 215° en dirección al cabo de Menorca y, después, poco más de una milla con rumbo sur sur-este de 166° hasta el Cabo de Binicous, desde donde nos quedarían menos de dos millas para llegar, con rumbo este de 101°, a Ciutadella, puerto donde nos habíamos comprometido a dejar el *Amic*.

Confirmé los datos de nuestra travesía con el GPS: localización del puerto del Balís: 41° 33' norte - 02° 30' este. Localización del puerto de Ciutadella: 39° 59' norte - 03° 49' este. Distancia total hasta destino según la ruta marcada: 113 millas.

Estábamos listos para soltar las amarras. Fue entonces cuando, por primera vez en toda la mañana, miré el reloj. No me lo podía creer: ¡eran casi las tres de la tarde! La hora larga que había previsto para los preparativos se había convertido en casi tres horas... Cuando ya pensábamos que lo teníamos todo a punto para emprender la travesía, Sonia cayó en la cuenta de un último detalle: sacó de su bolsa el cuaderno de bitácora y lo dejó en la mesa de cartas para tenerlo al alcance durante todo el viaje. También fue entonces cuando volvimos a ser conscientes de por qué estábamos haciendo todo aquello y de la tarea que nos habíamos propuesto: el descubrimiento de la comunicación. Todavía no habíamos navegado ni una milla, pero entre la ilusión de la partida y la concentración durante los preparativos ya habíamos vivido un sinfín de sensaciones. Pensamos que todo aquel tiempo empleado bien merecía una primera reflexión y quizás, incluso, un primer capítulo de nuestro cuaderno.

Sentados en la bañera del *Amic*, repasamos mentalmente las últimas tres horas. Yo tenía claro a qué las había dedicado: me había concentrado al cien por cien en los preparativos. Me habían absorbido por completo. Sonia también se había dado cuenta.

—Me tenías preocupada. Miraba el reloj y, conociéndote como te conozco, me preguntaba cuándo te iba a entrar la urgencia, cuándo ibas a comenzar a darme prisa para salir de inmediato...

—Estaba concentrado.

—¡Tan concentrado que hasta has perdido la noción del tiempo!

—Los preparativos son importantes.

—¿Tanto como para dedicarles casi tres horas?

—Y las que hubieran hecho falta. Nos jugamos mucho y quiero que todo salga bien.

Sonia me miró fijamente, en silencio. Aquello quería decir que su cabeza estaba trabajando a toda máquina, que estaba dándole vueltas a algo. Al cabo de un rato, dijo:

—¿Cuánto hace que no hacemos las cosas de esta manera entre nosotros dos? ¿Cuánto hace que no nos concedemos el tiempo necesario para hablar sin prisas?

Tenía toda la razón. Hacía mucho tiempo que sólo nos comunicábamos a intervalos, aprovechando pequeños instantes entre una cosa y otra, dejando colgadas algunas conversaciones y posponiéndolas para más tarde. Hacía mucho tiempo que no éramos capaces de concedernos el tiempo suficiente para hablar con tranquilidad.

Sentados aún en la bañera de popa, sin ninguna prisa por partir, quise detenerme en aquella reflexión. Escatimarle tiempo a nuestra comunicación era algo que estábamos pagando muy caro. Me daba cuenta de que, cuando se dejan abiertos pequeños conflictos por no tener tiempo de cerrarlos, de discutirlos a fondo, se termina por generar conflictos mucho mayores que luego van a requerir una inversión de tiempo muy superior para poderlos abordar y solucionar.

Continuamos hablando un buen rato, descubriendo el daño que nos producía el hecho de no haber sido capaces de encontrar el momento para hablar de las cosas justo cuando había que hacerlo, y descubriendo cómo retrasábamos las conversaciones pendientes por estar los dos demasiado «ocupados».

—Tengo la sensación de que hemos puesto nuestras tareas y las pequeñas obligaciones de cada día por delante de nuestra comunicación. Hemos errado nuestras prioridades.

—Y lo peor es que muchas de las cosas que nos han mantenido ocupados no tenían, probablemente, ninguna importancia. Incluso algunas nos las hemos inventado.

—¿Qué quieres decir?

—Recuerdo que, no hace mucho, un día que también habíamos discutido, me quedé en el despacho hasta bien entrada la noche. Tenía trabajo, sí, pero también es cierto que podía esperar. Estaba evitando, de algún modo, llegar a casa y hablar...

Permanecimos un largo rato en silencio. Aquel último comentario iba directo a la raíz del problema. No era tan sólo una cuestión de tiempo, sino también de voluntad. Estábamos descubriendo que, cuando no nos sentíamos cómodos con lo que teníamos que hablar —cosa que pasaba bastante a menudo—, lo postergábamos, anteponiendo cualquier otra actividad. Sin ser conscientes de ello, cuando no nos sentíamos con el ánimo suficiente para comunicarnos, lo evitábamos centrándonos el máximo tiempo posible en toda clase de ocupaciones.

Teníamos una buena enseñanza a nuestro alcance. Bajé a la cabina y, tras un instante, regresé con el cuaderno de bitácora en la mano. Debajo del título «Los preparativos en tierra firme» escribí:

15.40h

Estamos amarrados en el puerto.

Las previsiones son buenas y el Amic *ya está a punto. Lo hemos revisado de arriba abajo y todo está en orden. Hemos dedicado casi tres horas a preparar la travesía. Todo el tiempo que nos ha sido necesario para hacerlo a conciencia. Y hemos aprendido que lo que hoy hemos hecho con el* Amic *es lo que también debemos hacer con nuestra comunicación: dedicarle tiempo, todo el tiempo que requiera, y considerarla una prioridad absoluta. Hemos aprendido que la primera habilidad para comunicar es precisamente* ***querer hacerlo y saber encontrar el tiempo*** *para hacerlo.*

Después de releerlo un par de veces, volvimos a guardar nuestro cuaderno a buen recaudo. A pesar de que acabábamos de dejar constancia por escrito de una gran carencia en nuestras vidas, intuíamos que, si éramos capaces de completar todo el proceso, terminaríamos por tener un pequeño tesoro en nuestras manos. Esto nos alentaba a continuar el camino, aunque el viaje significara la superación de escollos difíciles. Pusimos en marcha el motor —ahora sí—, y soltamos las amarras. Tras desligarnos del muelle del puerto, el *Amic* puso proa a la bocana. Eran casi las cuatro de la tarde y dejábamos atrás tierra firme.

* * *

Rumbo sur-este de 147°, directo hacia Punta Nati. Navegábamos a motor a 6 nudos, velocidad de crucero. Era la máxima a la que podíamos avanzar sin forzar la embarcación y la que nos proponíamos mantener de media durante toda la travesía. A poco más de una milla de la costa, aproé el *Amic* al viento para poder izar la vela mayor. Después, una leve maniobra nos permitió coger un poco de viento y desenrollar el génova. Una vez izadas las dos velas, corregimos el rumbo para recuperar los 147°. Conecté el piloto automático e intentamos navegar sin la ayuda del motor. El viento era muy suave, demasiado, y la velocidad cayó en seguida a menos de 4 nudos, cosa que nos hizo desistir de la idea de ir sólo a vela. Volví a encender el motor para ganar velocidad. Enrollamos el génova, pero dejamos la mayor izada y bien cazada, lo que daba mucha estabilidad al barco y nos permitía navegar con más comodidad.

Una vez tomado el rumbo correcto, la proa quedó encarada a alta mar mientras la tierra se alejaba lentamente por la popa. La visión infinita del azul del cielo y el agua, así como el sonido de esta última rompiendo contra el casco, nos regaló una gran sensación de sosiego, una sensación que sólo proporciona el mar.

Sonia tomó el mando del *Amic*, y yo aproveché para bajar a la cabina y preparar algo para comer. Con la vista clavada en el horizonte, ella aún seguía dándole vueltas a algo en la cabeza. Cuando regresé a la bañera de popa con un tentempié y un par de bebidas, me comentó:

—¿Recuerdas lo que nos dijeron en el colegio de las niñas? Que cuando tienen que hacer un dibujo, o cualquier manualidad, quieren que les quede tan perfecto que no tienen en cuenta el tiempo del que disponen para hacerlo y nunca consiguen terminarlo. Para ellas, es más importante hacerlo bien que acabar la tarea; les da igual el tiempo que tienen para llevarla a cabo.

Era un buen ejemplo. El tiempo no contaba. Contaba hacerlo bien. Un principio que nuestras hijas no podían aplicar hoy por hoy en las tareas del colegio pero que, ojalá, podrían a lo mejor aplicar un día en su comunicación.

A mí también se me ocurrió otro ejemplo, una clara muestra de lo que significa querer comunicarse y saber encontrar el tiempo para hacerlo: los famosos cafés de mi hermano Germán en la oficina. Cuando quiere comentarte alguna cosa, viene a buscarte y te pregunta: «¿Salimos a tomar un café?». Hasta aquel momento, su costumbre me había parecido una anécdota, siempre lo había interpretado como una característica muy suya. Pero ahora descubría un gran valor en aquella costumbre, el valor de salir y alejarse del despacho, dejando el móvil en la mesa, y escapar así del alcance del teléfono, de las interrupciones, de todo, para poder mantener una conversación serena y con todo el tiempo por delante.

El gregal soplaba de manera casi imperceptible y apenas provocaba un leve movimiento del agua encalmada. El mar era de un azul intenso. El sol de julio se reflejaba en él y producía un efecto espejo que nos deslumbraba. Las primeras millas ya habían dado sus frutos. Sin embargo, aún quedaba mucha travesía.

Capítulo 2

Levante

20 de julio - 17.05 h

5 millas recorridas. 108 millas para llegar a destino.

Comenzábamos a tener un poco de viento, pero todavía no era suficiente para prescindir del motor. La costa se desdibujaba por la popa. En un par de horas no iba a ser más que un finísimo hilo. Al perder de vista tierra firme, empezamos también a perder la sensación psicológica de seguridad.

—¿Todo bien? —pregunté a Sonia.

—Todo bien.

Contemplaba el horizonte sentada en cubierta. Confiaba en mí, sabía que controlaba la travesía. Yo estaba pendiente de todo: el ruido del motor, que giraba constante a 2.400 revoluciones, el rumbo que marcaba el GPS, los pequeños movimientos de la caña movida por el piloto automático, las velas, el viento... Todo me proporcionaba una valiosa información que me era imprescindible para gobernar el *Amic* con precisión.

El gregal nos dejó. Roló a levante y se reforzó hasta fuerza 3. Le pedí a Sonia que me ayudara a desenrollar otra vez el génova, y abrí un poco la mayor. No obstante, a la espera de lo que pudiera pasar, no detuve todavía el motor. Después fuimos ajustando las velas, haciendo pequeñas correcciones para aprovechar el viento al máximo.

Sonia se sentó conmigo en la bañera de popa. Me sorprendió que me preguntara:

—¿Cómo decides cuándo hemos de desplegar las velas?

—En parte me guío por los instrumentos y, sobre todo, por mis sensaciones. He notado que rolaba un poco el viento y que cogía fuerza. Y los instrumentos me han confirmado la dirección y la velocidad.

—Son cambios muy sutiles...

—Es cuestión de estar atento... Si te fijas, se notan.

De nuevo, volví a ver en los ojos de Sonia aquella mirada tan especial. Volvía a maquinar alguna cosa, seguro. Estaba claro que mientras yo había cogido el rol de gobernar el barco, ella había asumido el de buscar puntos de reflexión y guiar nuestro descubrimiento de la comunicación. Al cabo de unos instantes, resumió en pocas palabras lo que yo le acababa de decir:

—Escuchar al viento con atención es lo que te permite tomar las decisiones.

Esta vez no la dejé ir más lejos. Nada más terminó la frase, vi claro adónde quería llegar. Mirándola a los ojos, le pregunté:

—Ojalá nos escucháramos nosotros así, ¿verdad?

Un silencio confirmó que esto era lo que ella pensaba. Proseguí:

—Sí, ojalá nos escucháramos así, con esta atención. Para entender el punto de vista del otro. Para aprender. Y ojalá siempre lo hiciéramos antes de optar por cerrarnos en banda, antes de comenzar a discutir...

Los dos éramos conscientes de ello. Hablamos un buen rato. Tanto el uno como el otro descubrimos algunos motivos por los cuales no éramos capaces de escuchar. Verbalicé una de las costumbres que tengo y que ponía de manifiesto mi falta de atención: cuando hablo con alguien y creo que ya sé lo que me quiere decir, dejo de escuchar y me concentro en pensar lo que le voy a decir a continuación. Por su parte, Sonia descubría que cuando algo le ronda por la cabeza, cuando está en su mundo, oye las cosas como si le llegaran de lejos, sin escucharlas de verdad.

—¿Sabes? —me dijo—. Creo que en muchas ocasiones no me escuchas porque, precisamente, intentas ayudarme.

Su afirmación me desconcertó. Ella lo vio y, con rapidez, añadió:

—Lo digo porque siempre que empiezo a explicarte un problema, alguna cosa que me preocupa, en seguida me quitas la palabra. Me das consejos, me propones soluciones... pero en ese momento la solución no es lo más importante para mí. Lo que necesito de verdad, y lo que realmente me ayuda, es simplemente que me escuches. Si te puedo hablar, explicarme, y tú me escuchas, me das la oportunidad de aclararme, de ordenar mis ideas, y de buscar —si las necesito— mis propias soluciones. Sé que lo haces de buena fe, pero lo cierto es que me ayuda más tu atención que tus palabras.

Aquello tenía mucho sentido. El mismo Max, a lo largo de los diferentes cursos que había realizado con él, me lo había hecho notar. «Fíjate —me había dicho—, al cabo de pocos minutos de estar escuchando a alguien, ya tienes prisa por intervenir y, entonces, hablas sin parar...».

Aquel diálogo nos ayudó, me daba cuenta de que poder hablar de esto nos era útil, necesario. Pero también sentía dentro de mí que aquello no podía ser todo. Mientras Sonia bajaba a la cabina en busca de un jersey, continué reflexionando. Compartía la idea de lo complejo que es escuchar, y era consciente de mis limitaciones. Me traicionaban mis ganas de hablar y, sobre todo, la prisa, las ganas de ayudar...

Todo aquello era cierto, pero pensé que, en muchos casos, detrás de mi incapacidad de escuchar debían de esconderse otros motivos más profundos. Sin parar de darle vueltas, pronto fui a parar a un territorio bien conocido por mí: el miedo. Una vez más el miedo estaba detrás de mi comportamiento. Nada más ver a Sonia asomarse por la cabina, le dije:

—¿Sabes? En el fondo creo que la mayoría de veces no escucho por miedo.

—¿Por miedo?

—Sí, por mi miedo. Miedo de oír cosas que no quiero oír. Miedo por tener que abordar situaciones que no me veo capaz de abordar. Es mi miedo el que no me deja escuchar.

Mientras compartía con Sonia esta revelación, reviví un sinnúmero de situaciones en las que no le había concedido espacio a mi interlocutor simplemente por miedo a oír más. Lo había hecho con compañeros del trabajo, con la misma Sonia, y también era consciente de haberlo hecho con mi padre. A todos ellos, en alguna ocasión, había renunciado a escucharlos para no afrontar las consecuencias de lo que hubiera podido oír. En algunos casos me estaba protegiendo, y era legítimo que lo hiciera. Pero la mayoría de las veces no tenía sencillamente el valor de abordar conversaciones que sin duda debería de haber abordado. Al darme cuenta de todo esto, pensé que tenía la oportunidad de rectificar, tanto con mis compañeros de trabajo como con Sonia. Sin embargo también pensé, con tristeza, que con mi padre las conversaciones perdidas ya lo eran para siempre.

Pedí a Sonia que cogiera el cuaderno. Empezando un nuevo capítulo, escribimos:

> *19.00h*
>
> *Nos encontramos a 15 millas de la costa, navegando con un buen levante.*

Estamos atentos al mínimo cambio del viento para corregir las velas y sacarle el máximo partido. Observamos con atención el mar y el viento para poder tomar las decisiones adecuadas, lo que nos permite avanzar más y mejor.

Hemos descubierto que también tenemos que ser capaces de hacerlo así cuando nos comunicamos entre nosotros. Lo primero que tenemos que hacer es escuchar. Escuchar para descubrir, para conocer, para aprender. Escuchar sin miedo. ***Escuchar con atención*** *es la segunda habilidad necesaria para una buena comunicación.*

Una racha de viento, que de pronto sentí en la cara, me hizo volver a la navegación por unos instantes. Eché un vistazo tanto a los instrumentos como a las velas para asegurarme de que todo iba bien. Fue un gesto instintivo, casi automático. Era como si desarrollara un sentido de «escucha selectiva»: los sonidos que eran importantes para la navegación, por más leves que fueran, no me pasaban por alto. Oía las más mínimas variaciones en el ruido del motor, las más leves ráfagas de viento. Todo lo demás, en cambio, no merecía ninguna clase de atención por mi parte. Los gritos de las gaviotas o las conversaciones que se colaban en la radio, a pesar de ser mucho más intensos y evidentes, me pasaban absolutamente desapercibidos. Era el mismo tipo de escucha selectiva que Sonia y yo habíamos desarrollado durante los primeros meses de vida de nuestros hijos y que tanto nos había sorprendido. Por las noches, los ruidos más estridentes de la calle no lograban despertarnos, pero el más mínimo sonido procedente de la cuna del bebé nos ponía inmediatamente alerta. Sin duda, aquel había sido un ejercicio de buena comunicación, guiada por el amor y el instinto.

Llevábamos poco más de cuatro horas de ruta y la costa se había prácticamente disuelto hasta donde alcanzaba la vista. El levante había ido ganando intensidad y llegaba a golpes de fuerza 5. Apagamos el motor; las velas ya recibían suficiente viento como para propulsar la embarcación. Comenzaron a aparecer los primeros borregos en el mar, señal inequívoca de que se había acabado la buena mar y la tranquilidad.

La navegación empezó a hacerse cada vez más difícil. El mar había crecido. Permanecíamos en la bañera de popa, con la vista clavada en las olas y en los instrumentos, valorando la situación. El piloto automático aguantaba bastante bien, pero de vez en cuando llegaba alguna serie de olas más fuertes que nos hacían perder el rumbo por unos instantes, hasta que el piloto automático era capaz de redirigirlo y volver al barco a su rumbo original. Las salpicaduras de agua salada llegaron a la cubierta y nos obligaron a vestirnos con ropa impermeable. Entonces pensamos que se avecinaban unas horas de navegación incómoda. Sin peligro, pero incómoda. La embarcación se agitaba con el vaivén del oleaje. Teníamos todavía la posibilidad de dar media vuelta y regresar a puerto; pero si lo hacíamos, supondría el final de nuestra aventura. Decidimos fijar un límite en las ráfagas de viento: si pasaban de 20 nudos, renunciaríamos.

Durante la siguiente hora, nos dedicamos a «escuchar» el levante con atención por si nos indicaba que debíamos volver o que podíamos continuar. Nos hizo dudar bastante rato. Sentíamos sus golpes en la cara, notábamos la creciente fuerza de las olas golpeando el casco del *Amic*. Ahora el levante soplaba de forma constante en el umbral de los 20 nudos. Recibíamos las olas por la amura de babor. Todavía no se había formado mar de fondo y eran unas olas cortas, pero como nos venían de costado, provocaban un considerable balanceo. El mar había perdido el brillo de la tarde; tenía un color mucho más oscuro, casi amenazador. El cielo empezaba a mostrar una neblina que lo enturbiaba todo. Seguíamos navegando con todo el trapo, pendientes de hacer un rizo a la mayor tan pronto como superáramos, por poco que fuese, los 20 nudos.

Pasaron los minutos y, finalmente, la cosa no fue a más. El viento se estabilizó diciéndonos alto y claro que podíamos continuar adelante con la travesía.

Capítulo 3

Sureste

20 de julio - 20.30 h

24 millas recorridas. 89 millas para llegar a destino.

Al ponerse el sol, el levante cayó por completo y varió un poco la dirección hacia el sur: ahora navegábamos con un sureste suave y agradable. El balanceo había desaparecido y podíamos movernos por cubierta sin ir de un lado para otro. La situación ideal para continuar la travesía con tranquilidad. El único inconveniente era que el viento nos venía totalmente de proa y no podíamos sacar ningún rendimiento de las velas. Resignados a navegar de nuevo sólo a motor, enrollamos el génova y dejamos la mayor izada pero bien cazada para evitar que, con el viento de cara, flameara. El mar se encontraba ahora bastante más plano. El levante no había soplado el tiempo suficiente como para llegar a formar mar de fondo. El cielo se teñía de color rojizo. Teníamos ante nosotros un espectáculo maravilloso. Estábamos relajados. Sentía el leve sureste en el rostro y disfrutaba de la puesta de sol en el horizonte. Observaba todos los matices del cielo, la inmensa cantidad de tonos azules y morados que aparecían y desaparecían en una variación constante provocada por los cambios de luz. Eran instantes de auténtica tranquilidad. Con la travesía totalmente controlada, disfrutábamos del espectáculo, de la temperatura y de la distensión de cada músculo de nuestro cuerpo. Un placer total.

A las nueve escuché otra vez el parte que el servicio meteorológico proporcionaba cada hora por la radio. La meteorología marítima del Mediterráneo es muy variable. Si cambian las condiciones previstas, el servicio lanza un aviso para que los barcos que se encuentran en el mar, si es necesario, puedan variar su rumbo. A aquella hora del anochecer, sin embargo, la previsión anunciaba una situación tranquila para las horas siguientes: vientos en régimen de brisas y del segundo cuadrante, es decir, de dirección variable entre este y sur. Mar plana o rizada. Ningún aviso de temporal.

Antes de que acabara de desaparecer la poca claridad que quedaba del día, observamos a nuestro alrededor en busca de compañeros de viaje. Identificamos dos veleros, lejos de donde estábamos, que posiblemente también hacían la travesía hacia las Baleares. Nos dedicamos a especular acerca de cuál podría ser su destino. Aventuramos que uno de ellos iba a Mallorca, ya que parecía dirigirse más al sur. El otro seguía un rumbo aparentemente paralelo al nuestro, pero nos llevaba una docena de millas de ventaja. A pesar de la distancia que nos separaba de las dos embarcaciones, su presencia hacía que nos sintiéramos algo acompañados.

Nunca habíamos pasado una noche solos en el mar. Busqué la luna para tener un punto de referencia. Sabía que cuando saliera nos sería de gran ayuda, pero aún no se vislumbraba. La visibilidad se reducía por momentos. El mar tenía un tono negro, como de petróleo. Sólo el brillo de alguna estrella rompía la negrura que se extendía lentamente por el cielo. Al carecer de la más mínima noción de astronomía, me servían de bien poco aquellos cuatro puntos de luz. La noche me infundía respeto, pero la afrontaba con serenidad. De pronto, mientras pensaba en la llegada de la oscuridad, el motor falló. Hizo como si fuera a detenerse, fue perdiendo revoluciones para recuperarlas al cabo de un momento, pero con un ruido más estridente. Me intranquilicé de inmediato. Intentaba encontrar una explicación a aquel fallo del motor y, en cuestión de segundos, el pánico se apoderó de mí. El motor tardó bastante en recuperar su sonido normal. Comencé a imaginarme lo peor. Me pasaron por la cabeza toda clase de situaciones de emergencia, desde averías hasta accidentes. ¿Y si rompíamos el timón? ¿Y si teníamos una vía de agua? Lo había oído más de una vez: en la oscuridad de la noche una embarcación puede embestir contra cualquier objeto que flote en el mar y abrir un boquete en el casco, una vía de agua, que te puede hacer naufragar. ¿Y si uno de nosotros se hacía daño? Era increíble. Había pasado de la relajación total a la angustia en un instante y tan sólo por un estímulo: un pequeño cambio de ruido en el motor.

Bajé a revisarlo. Lo repasé de arriba abajo buscando el motivo del fallo. Mientras lo hacía, Sonia, intentando ayudar, empezó a atosigarme con preguntas que todavía me pusieron más nervioso.

—¿Ha vuelto a hacerlo?

—...

—¿Y si lo paramos un rato?

—...

—Si nos quedamos sin motor, ¿podremos regresar sólo a vela?

La atajé con agresividad. Y ya no hizo más comentarios.

No parecía que al motor le sucediera nada extraño. Aproveché para comprobarlo todo: piloto automático, GPS, verifiqué la carta, y subí el volumen de la radio, sintonizada en el canal 16, el de los avisos de emergencia. En un intento por sentirme más seguro, busqué con la mirada los barcos que había visto poco antes. Divisé uno, aunque bastante lejos.

Aquel incidente insignificante me había activado

la alerta interior. Sabía que dar media vuelta ya no era una opción, estábamos demasiado alejados de la costa. Me movía inquieto por el barco, sobresaltándome a cada momento. Cualquier cambio en la intensidad del viento me producía una gran intranquilidad, y mi imaginación seguía recreando todo tipo de incidentes. La ansiedad me había invadido.

La siguiente media hora fue de una navegación muy tranquila, lo que me permitió aceptar sin reservas la angustia que sentía dentro de mí. Y pude recobrar poco a poco la serenidad. A causa del incidente, sin embargo, se había creado entre Sonia y yo una tensión que flotaba en el ambiente. Yo había reaccionado a sus comentarios e intentos de ayuda con agresividad. Ella estaba dolida por mi reacción:

—¿Sabes? Cuando te atrapa la angustia, te bloqueas. Te colapsas.

Lo sabía. Era absolutamente consciente. Pero poco podía hacer yo para evitarlo.

—Y no te das cuenta, pero respondes con agresividad, pierdes el control. He tenido ante mí al mismo Ferran del otro día, el día en que discutimos y decidiste escribir a Max.

Sonia, en pocas palabras, acababa de exponer mi punto débil.

—Lo sé —respondí—. Y me gustaría que me ayudaras a descubrir el porqué. Pero déjame decirte lo que yo siento de tu forma de actuar: creo que en situaciones como la de hoy no te das cuenta de que estoy angustiado, y todo lo que me dices no hace otra cosa sino aumentar mi angustia. Insistes en tus comentarios sin percibir que no es el momento de hacerlos, ya que estoy fuera de control y no puedo responderte como tú esperas que te responda.

Estaba convencido de que ella podía reflexionar sobre este punto. A pesar de la tensión con la que habíamos comenzado la conversación, fuimos capaces de hablar con serenidad largo rato, de confrontarnos e ir descubriendo los mecanismos que motivaban nuestras maneras de actuar.

—¿Sabes, Sonia? Creo que pierdo el control porque no soy consciente de lo que pasa en mi interior. Dejo que las emociones se apoderen de mí, que gobiernen mi comportamiento sin que yo las haya podido identificar. En definitiva, porque no me doy cuenta de lo que está sucediendo dentro de mí. Me enfado y no soy consciente. Es como si no estuviera en contacto con mis sentimientos, los cuales me juegan una mala pasada y me hacen ser el Ferran que no quiero ser.

—A mí, a veces, me cuesta captar tus sentimientos. Ponerme en tu piel y sentir lo que tú sientes. Intuir qué pasa en tu interior y saber cuándo y cómo puedo apoyarte, y cuándo y cómo he de actuar. Y me doy cuenta de que es difícil que pueda ayudarte si no percibo lo que tú sientes.

Había sido una conversación muy reveladora, pero la teníamos que dejar allí. Todo había desaparecido a nuestro alrededor, la oscuridad era total. Teníamos la noche por delante y, por tanto, era necesario decidir cómo la íbamos a pasar. Había que organizar las guardias. Nos enfrentábamos al gran riesgo de la navegación nocturna: cruzarnos con algún barco de gran tamaño al que le pudiéramos pasar desapercibidos, y entrar en rumbo de colisión. Aunque navegábamos con el piloto automático, era necesario que uno de los dos permaneciera alerta, verificando que no hubiese ningún peligro cercano. Yo estaba totalmente desvelado. Sonia tenía sueño. Nos pusimos de acuerdo en que yo haría guardia de diez a cuatro de la madrugada y que Sonia me relevaría de cuatro a ocho de la mañana. Y también acordamos que, cuando estuviera preparado, yo escribiría aquel capítulo en el cuaderno de bitácora, recogiendo todo lo que habíamos descubierto con nuestra conversación de hacía unos momentos.

Al cabo de un rato de estar solo, y a pesar de la bonanza del tiempo, la humedad me calaba hasta los huesos y notaba la piel de gallina por todo el cuerpo. Ya no se estaba bien en cubierta. Bajé a la cabina, me puse unos pantalones largos y un jersey de algodón, y aproveché para comer algo. Mientras, oí por la radio un último parte meteorológico confirmando que la bonanza del tiempo se mantendría.

* * *

Al salir de nuevo a cubierta pude por fin ver la luna. Su presencia me reconfortaba. Reflejaba una luz amarillenta que pronto se transformó en otra de un blanco intenso y brillante que dibujaba un rastro plateado en el mar. Permanecí un buen rato mirándola y disfrutando de la sensación de que nos seguía en nuestro viaje, de que avanzaba al mismo ritmo que el velero. En la soledad de la noche, tenía una compañera de viaje con quien compartir, en silencio, mis reflexiones.

Aquella guardia me dio la oportunidad de meditar un buen rato y de acabar de entender e interiorizar lo que era, sin duda, mi gran punto flaco. Había descubierto que estar en contacto con mis sentimientos era la clave para gobernar mi comportamiento, para no reaccionar de forma agresiva y, por tanto, para no perder el control. Lo tenía claro. Pero también me podía aplicar la reflexión que Sonia había hecho sobre ella misma: reflexioné sobre mi capacidad de captar los sentimientos de los demás, de ponerme en su piel, y de saber hasta dónde puedo llegar en cada momento sin terminar apabullando a los otros, sin superar el umbral de lo que los otros pueden aguantar.

Yo creía que era capaz de percibir los sentimientos de los demás, de captar lo que los otros sentían. Pero la verdad era que mis últimos conflictos lo ponían en duda. Rememorando determinados episodios vividos en el trabajo, me di cuenta de que mi capacidad de ponerme en la piel de los otros probablemente no era auténtica. Se quedaba en el pensamiento, no llegaba hasta el sentimiento. Era lo que se podría denominar una «empatía intelectual»: era capaz de pensar en el otro, pero no era capaz de ponerme emocionalmente en su lugar, de sentir como él. Esto explicaba por qué en muchas ocasiones acababa hiriendo los sentimientos de la gente que me rodeaba. Les herían aquellos mismos sentimientos que yo no había sido capaz de captar.

Tenía sentido. Si había descubierto que no estaba en contacto con mis propios sentimientos, ¿cómo podía pensar que lo estaba con los de los demás?

A pesar de que aquella reflexión me estaba ayudando mucho, el cansancio empezó a pasarme factura. Al cabo de dos horas de guardia, la lucha contra el sueño ya se me hacía insoportable. Se me cerraban los ojos sin que yo pudiera evitarlo. A la una de la madrugada tuve un sobresalto. Me había dormido casi una hora y, al despertarme, pude ver por babor un enorme crucero muy cerca, demasiado cerca. Busqué en la embarcación la luz verde o roja de posición para averiguar qué rumbo llevaba. Pero lo cierto era que aquel crucero tenía mucha iluminación en cubierta y no fui capaz de identificar sus luces de posición. No estaba seguro de su rumbo, ni tampoco de si me había visto o no. Y a su lado, yo era como una pulga. Observándolo un rato con detenimiento, pude ver que se aproximaba. Sin duda su rumbo era contrario al mío, y acabaríamos cruzándonos los dos en un momento u otro. Me pareció percibir que había reducido la velocidad. Aun con todo, varié de inmediato nuestro rumbo, virando unos grados a estribor para alejarnos de él. No me fiaba de que su radar me hubiera captado.

Al cabo de un rato, los dos barcos nos cruzamos sin novedad. No había pasado nada, pero el susto me había desvelado, cosa que aproveché para bajar a la cabina y escribir en el cuaderno:

02.00h

Estamos casi en el ecuador de la travesía, y también en el ecuador de la noche.

Un fallo en el motor ha desencadenado una pequeña tempestad entre nosotros. Yo me he dejado llevar por la angustia. Una angustia que Sonia no ha sabido captar a tiempo.

Los dos hemos descubierto que para comunicarnos necesitamos estar en contacto con nuestros sentimientos y evitar así que nos gobiernen. Y también ser capaces de captar los sentimientos del otro para poder conectar con él.

Estar en contacto con los sentimientos, tanto con los propios como con los del otro, es para nosotros la tercera habilidad necesaria para la buena comunicación.

A las cuatro de la madrugada aún estaba completamente insomne. Decidí darle a Sonia una hora más de sueño y, pasado este tiempo, bajé a la cabina para despertarla. Me habría gustado compartir con ella mis reflexiones, unas reflexiones importantes no tan sólo para mí sino también para nosotros dos como pareja. Pero en seguida me di cuenta de que no era el momento. Sonia todavía iba a tardar un buen rato en poner sus cinco sentidos en funcionamiento...

Capítulo 4

Sur

21 de julio - 06.05 h

78 millas recorridas. 35 millas para llegar a destino.

Al alba del nuevo día, los silbidos del viento me despertaron.

Estaba cansado —había dormido poco más de una hora— y no sabía con certeza si lo que oía era real o producto de mi imaginación. Me levanté y asomé la cabeza por cubierta. Sonia observaba la situación con una cierta inquietud.

—Estaba a punto de despertarte. Ha comenzado a soplar hace un rato...

El suave sureste de la noche había rolado de nuevo, dando paso a un inesperado sur que soplaba ya con fuerza 4 a 15 nudos.

—Vamos. Pongamos las velas. Con este viento podemos prescindir del motor.

De manera mecánica, desplegué el génova y corregí la orientación de la mayor. Teníamos un buen viento, a pesar de que nos venía muy de proa, en un ángulo de unos 35°. Tendríamos que navegar de rabiosa ceñida y aquello significaba llevar una fuerte escora. Una navegación que no era precisamente la más cómoda para nosotros porque, además de ser la más lenta, la inclinación del barco no facilitaba nuestro movimiento ni en el interior ni en la cubierta del *Amic*. Me quedé observando para ver cómo pintaba todo, con la esperanza de que aquel viento se mantuviera constante y, sobre todo, de que no fuera a más.

Mi esperanza sirvió de bien poco. Con los primeros rayos de sol, el viento del sur aumentó con fuerza. Tenía la mirada clavada en el anemómetro, que no paraba de subir: 20 nudos, 22 nudos... Y puntas de 25 nudos. De golpe lo vi claro. ¡No podía ser! ¡Nos venía encima un temporal de sur! Me costaba de creer porque nunca había oído hablar de un episodio así en el mes de julio y en la travesía a Menorca. En el canal siempre hay que estar atento a la tramontana, ya que si te sorprende te puede hacer pasar un muy mal rato. Un sur como aquel era del todo inusual; sin embargo, pensara lo que pensara, allí lo teníamos, enseñándonos los dientes y dispuesto a hacernos pasar un mal trago.

—Ya nos podemos preparar. ¡Se nos viene encima un temporal! —grité a Sonia.

—¿No exageras?

—Creo que no —dije. Y señalando el anemómetro, añadí—: Esto no para de subir...

El mar recibía al nuevo día vestido con una tonalidad grisácea. Llevábamos demasiado trapo, demasiada vela para lo que soplaba, así que de inmediato hicimos un rizo a la mayor para reducir la superficie de vela expuesta al viento. También enrollamos parcialmente el génova. Perdimos un poco de velocidad pero conseguimos disminuir la escora, cosa que nos hacía sentir algo más seguros. Yo continuaba con un ojo fijo en el anemómetro. Indicaba valores cada vez más altos: 27 nudos, 32 nudos... Aquello ya era fuerza 7.

En muy poco rato, el mar se llenó de borregos. En seguida llegaron a la bañera los primeros golpes de agua. Además de cansado, estaba enfadado. ¿De dónde salía aquel temporal? ¡Había escuchado todos los partes y no habían dicho absolutamente nada!

Las olas eran cortas pero el viento las hacía ganar altura y llegaban a cubierta. Bajé a la cabina a buscar los trajes de agua para protegernos. Adentro, el movimiento del barco se notaba mucho. Ya no se podía estar más de un minuto sin marearse.

Comenzábamos a pasarlo bastante mal, y reaccionamos cada uno a nuestra manera: Sonia, sin decir nada, se instaló en la banda, a barlovento. Con los ojos medio cerrados, se concentraba en la sensación de notar el viento en la cara. Trataba de no marearse, a pesar de que ya estaba al límite de hacerlo. Yo, como no podía ser de otra manera, me movía inquieto por la bañera de popa, sin dejar de controlar el rumbo y la fuerza del viento. Controlaba los instrumentos una y mil veces, como si a fuerza de mirarlos fueran a mostrarme lo que yo quería: que todo aquello iba de bajada. No obstante, aquel no era el caso en absoluto.

Empecé a notar un sudor frío. Nos quedaban más de seis horas de navegación por delante, y a aquellas alturas no teníamos alternativa. A dieciséis horas de la costa, no tenía sentido dar media vuelta ni disponíamos de ningún refugio posible. No podíamos hacer nada, y no parecía que aquello fuera a detenerse.

Y no sólo no se detuvo, sino que fue a más: 28 nudos, 31, 35... Habíamos llegado a fuerza 8. Teníamos encima, técnicamente, un temporal. Jamás me había encontrado en medio de ninguno, y mucho menos en alta mar, gobernando un pequeño crucero de treinta pies del que desconocía sus límites y hasta dónde podía resistir. Todo lo que estaba a nuestro alrededor daba una imagen muy hostil. La espuma cubría la superficie del mar y el horizonte aparecía desdibujado por la bruma y el oleaje. El sol de primera hora de la mañana llegaba aún más mortecino al filtrarse por una capa de nubes finas.

Durante un largo rato, Sonia y yo no nos dirigimos la palabra. No porque no quisiéramos, sino porque simplemente cada uno de nosotros estaba demasiado concentrado en sus propios mecanismos de defensa. Yo sabía lo que ella sentía: la incomodidad física del mareo, que la inmovilizaba y no le permitía estar para nada más. Y estoy seguro de que ella sabía lo que sentía yo: una enorme angustia que me hacía mirar hacia todas partes, queriendo abarcarlo todo y sin detenerme en nada.

En medio de aquel panorama, sucedió lo que más había estado temiendo: el timón hacía demasiada fuerza y el piloto automático dejó de resistir. En un instante, habíamos perdido el rumbo. Nos cruzábamos completamente a las olas. Aquello no podía ser. Con un rápido movimiento, desmonté el piloto y agarré con todas mis fuerzas la caña del timón para enderezarla.

—¡Acabamos de perder el piloto automático! —grité a Sonia.

—¿Se puede arreglar? —dijo con un hilo de voz que delataba su estado físico.

—No con este mar. Tendremos que llevar la caña a mano.

—No cuentes conmigo, no tengo fuerzas ni para moverme de donde estoy...

Conseguí rectificar el rumbo; pero como me costaba mucho mantenerlo, decidí abrirlo ligeramente para reducir la escora del velero, coger mejor las olas y así sufrir un poco menos. Pensaba que, tan pronto como acabara aquel temporal, haría las rectificaciones de rumbo que fueran necesarias y enfilaría de nuevo hacia Ciutadella. De pie en la bañera de popa, aguantando la caña entre la mano y la rodilla, no tardé mucho en quedar empapado, absolutamente empapado. Y veía a Sonia, sentada en cubierta, también calada de pies a cabeza. Embarcábamos las olas constantemente, ya que eran muy cortas pero cada vez de mayor altura. A las ocho de la mañana escuché el nuevo parte.

—¡Increíble! ¡No dicen nada de nada del temporal, absolutamente nada! ¡Es como si nos lo estuviéramos imaginando! —grité otra vez a Sonia, indignado.

Miraba el anemómetro de reojo. Deseaba con toda mi alma que disminuyera la fuerza del viento; sin embargo, impotente, veía que no tenía ninguna intención de hacerlo. Los golpes de viento se mantenían en torno a los 35 nudos. Las olas llegaban en tandas de tres en tres haciéndonos perder totalmente de vista el horizonte y poniendo a prueba la resistencia del *Amic*.

En medio de aquel mar y aquel viento, el velero se veía minúsculo y absolutamente vulnerable. Estaba claro que nos quedaban muchas horas de pesadilla.

No pasó demasiado tiempo hasta que llegó la ola que me desesperó del todo. La proa del *Amic* se sumergió por completo y una manta de agua barrió la cubierta de proa a popa hasta acabar en la bañera inundándolo todo. Sonia se agarró con fuerza al pasamano para no verse arrastrada por el agua, un agua que nos caló hasta los huesos.

—¡Maldito viento! ¡Malditos meteorólogos! ¡¡¡Y maldito el día que hemos escogido para hacer la travesía!!!

Con Sonia luchando contra el mareo, y yo manteniendo como podía el control del *Amic*, los minutos se nos hacían interminables.

No tenía el GPS a la vista y por lo tanto no podía saber ni nuestra posición ni las millas que nos quedaban para llegar. Era impensable soltar la caña del timón para ir en su busca. Quizá por la imperiosa necesidad que sentía, estaba convencido de que, con un tiempo sereno, ya habríamos visto el perfil de la isla. Parecía, realmente, como si el inquietante paisaje en el que estábamos atrapados no tuviera que terminar nunca. Maldita isla, ¿dónde se había metido?

En medio de aquella crisis, y de mi creciente desesperación, Sonia sacó fuerzas de flaqueza y me lanzó un mensaje de ánimo:

—¡Aguanta! ¡Lo estás llevando muy bien!

Sus palabras me hicieron reaccionar. De pronto, me di cuenta de que mi rabia no solucionaba nada, que tan sólo me distraía y me quitaba energía. El temporal estaba allí, con nosotros, y nos gustara o no, lo teníamos que pasar. Decidí armarme de valor y no dejarme vencer. Me concentré en navegar lo mejor que sabía. Mantuve la mirada clavada en la proa, atento a las olas y haciendo todo lo posible para navegarlas bien. Las iba cogiendo cada vez con más destreza, y poco a poco fui haciéndome con la situación.

Las horas siguientes fueron una prueba de fuego a dos bandas: la fuerza del viento y la potencia del mar contra mi determinación. Sonia continuaba inmóvil en cubierta tratando de superar el mareo.

No teníamos ánimo para hablar, pero nos íbamos intercambiando miradas de complicidad, miradas que a mí me daban la energía que necesitaba para continuar aguantando, y a ella, creo, la confianza para pensar que saldríamos de aquello.

Durante mucho rato el temporal no nos dejó ver otra cosa que no fuera el mar y la espuma, hasta que una sombra despuntó en el horizonte. Primero no estaba seguro, podía ser la niebla o un efecto óptico, pero poco a poco se fue perfilando con algo más de nitidez. ¡Por fin veía Menorca! Me invadió una gran tranquilidad, una intensa sensación de resguardo. Ciertamente, era absurdo sentirse tranquilo, ya que el mar continuaba igual o peor, pero el simple hecho de vislumbrar tierra firme hacía que ya nos viera sanos y salvos y habiendo superado aquel episodio. Me cambió por completo el humor y grité a Sonia:

—¡Menorca a proa!

—¿Cuánto tiempo nos queda?

—Más o menos unas tres horas...

—¿Todavía?

—Todavía.

—¿Y con este mar?

—Espero que no. A medida que nos acerquemos a tierra, tendría que bajar.

Afortunadamente, no me equivoqué. Al irnos aproximando a la isla, el mar se fue calmando aunque el viento seguía soplando con fuerza. Intenté conectar de nuevo el piloto automático y, ¡aleluya!, funcionaba... Bajé a la cabina para cambiarme y así sacarme la humedad de encima. Exhausto, me acomodé para descansar un rato, bien apoyado para no caerme con el constante vaivén del barco. Creo que no tenía fuerzas ni para marearme. Necesitaba desconectar. Ya tendría tiempo para evaluar la situación, la deriva, el rumbo, y todo lo que hiciera falta. Había ganado cinco minutos de tregua.

Unos minutos más tarde, Sonia asomó la cabeza desde cubierta. Ya hacía otra cara, señal de que se estaba recuperando.

—No sé de dónde has sacado las fuerzas... —dijo con una sonrisa.

Salí de la cabina. Sentados en la bañera, pasamos largo rato en silencio. Yo trataba de descubrir, efectivamente, de dónde había sacado las fuerzas. Cómo y cuándo había decidido hacer frente al temporal; y no sólo esto, sino también navegarlo con destreza y una cierta serenidad. Cuando comencé a intuir las respuestas, le dije:

—¿Sabes?, mientras me rebelaba contra la tempestad de viento y la maldecía, la navegación se me hacía insoportable. Había cerrado los ojos al temporal, negando que estuviera allí porque no me gustaba y no lo quería ver. Y esto me hacía navegar a ciegas. Sin control. Me limitaba a reaccionar contra lo que no quería ver pero que, inevitablemente, tenía ante mí.

—¿Y, entonces, qué ha sucedido?

—En el momento en que lo he aceptado, todo ha cambiado. Ha sido como abrir los ojos, abrirlos bien abiertos, mirar a la cara al temporal y verlo por primera vez en toda su dimensión. Me parece que ha sido esto lo que me ha permitido actuar, desarrollar los recursos necesarios para abordarlo y recuperar el control.

—Creo que te entiendo...

—Lo he mirado tal como era, sin pensar si era bueno o malo; si me gustaba o no.

—Es decir, sin juzgarlo.

—Exacto, sin juzgarlo...

Sonia se quedó con aquella idea en la cabeza, buscándole alguna conexión con nuestro mundo y nuestra comunicación. La prueba es que, instantes después, dijo:

—A veces, cuando hablamos, yo también siento que cierras los ojos. Que, tal y como hacías hoy con el temporal, no quieres mirar...

—¿Cómo lo notas?

—Siento que no me escuchas de verdad. Y siento que me juzgas. Tus juicios me dicen que no te gusta lo que ves, que te gustaría ver a una Sonia diferente.

—Te dicen que no te acepto.

—Y cuando esto sucede, me siento muy lejos de ti. Y supongo que muchas veces, cuando soy yo quien no te acepto, tú debes de sentir lo mismo.

Entendía y compartía lo que Sonia me decía. En seguida añadió:

—Y mira, aplicando lo que me acabas de explicar sobre tu cambio de actitud con el temporal, creo que sólo abriendo los ojos, aceptándonos el uno al otro, en la situación en que nos encontremos en cada momento, podemos sentirnos cercanos incluso no estando de acuerdo o pensando de diferente manera.

Dejamos aquí la conversación. Aunque podíamos navegar con el piloto automático, el temporal de sur aún hacía estragos y el mar continuaba bastante movido. Todo estaba demasiado empapado y nos vimos incapaces de ir en busca del cuaderno y anotar nada. Sonia, temiendo volverse a marear, recuperó su posición en la banda y yo me quedé en la bañera, atento a la navegación.

Durante la siguiente hora, todavía le di unas cuantas vueltas al asunto. Me vino a la cabeza que casi siempre es precisamente a los que más amamos a quienes más a menudo juzgamos. Es a ellos a quienes nunca les ahorramos ningún juicio, a quienes más echamos en cara los errores. Probablemente porque son las personas con las que tenemos más expectativas, las que más queremos que sean tal y como nosotros deseamos y que hagan las cosas como nosotros creemos que se han de hacer.

Me daba cuenta de que es a los que tenemos más cerca a los que juzgamos con más severidad. Así era en mi caso con Sonia. Juicios hechos con la mejor intención, llenos de afecto, pero juicios al fin y al cabo. Juicios que rompían nuestro diálogo y que, como acababa de aprender, nos alejaban.

Pensé también en el bálsamo que supone que alguien realmente te acepte y que, en el fondo, todo comienza con nuestra propia aceptación. Así me lo descubría mi experiencia personal: durante años había luchado contra mi susceptibilidad, que a menudo era juzgada muy negativamente tanto por la gente de mi entorno como por mí mismo. No fue hasta que la acepté, descubriendo que iba emparejada con mi sensibilidad —a la que no estaba dispuesto en absoluto a renunciar—, que comencé a dejar de mostrarla.

Sentí la urgencia de escribir todo aquello en caliente, antes de que se me olvidara. Convencí a Sonia y bajamos cinco minutos a la cabina del *Amic*:

10.00h

Hemos sufrido un fuerte temporal de sur. Un temporal del todo imprevisto. Mientras hemos mantenido los ojos cerrados a la tempestad, hemos navegado a ciegas, reaccionando a lo que nos íbamos encontrando. Hemos pasado unos momentos bastante críticos. A la que hemos abierto los ojos y lo hemos aceptado, hemos podido responder. Hemos recuperado el control y lo hemos navegado con serenidad.

Hemos descubierto que esta misma aceptación es necesaria en nuestra comunicación. Que nos hemos de aceptar el uno al otro, tal como somos y en la situación en que nos encontremos en cada momento.

Hemos descubierto que aceptarnos nos acerca y que juzgarnos nos aleja. ***Aceptar sin juzgar*** *es la cuarta habilidad necesaria para la buena comunicación.*

Capítulo 5

Poniente

21 de julio - 10.20 h

98 millas recorridas. Cambio de destino.

Habíamos navegado muchas horas sin piloto automático, con un rumbo más hacia el este del que tocaba y con una deriva importante. Lo constaté tras consultarlo con el GPS: nos habíamos desviado bastante de la ruta a Ciutadella y, desde aquella posición y con aquel viento, no podríamos rectificar y llegar hasta allí con rumbo directo. Tendríamos que hacer bordos, avanzando a contraviento a base de sucesivas viradas. Esto implicaba maniobrar continuamente y, agotados como estábamos, no nos veíamos con ánimo. Queríamos llegar lo más pronto posible adonde fuera. Optamos por cambiar nuestros planes y fijar otro punto de llegada más asequible.

Al ver ya con claridad el perfil de la costa norte de la isla, pensé que lo mejor era abrir un poco más el rumbo e ir directos a Sanitja, un pequeño puerto refugio al norte de Menorca, muy cerca del Cabo de Cavalleria. Podríamos descansar en Sanitja y, más adelante, continuar el camino hasta Ciutadella, nuestro destino final. A Sonia le pareció bien la solución. Así pues, rectificamos el rumbo a 118° este.

A medida que avanzábamos, la costa de Menorca se definía cada vez con más detalle y ni el compás ni el GPS nos eran ya necesarios. Teníamos todos los puntos de referencia que nos hacían falta a simple vista. Y, cuando nos aproximamos un poco más, el cobijo de la propia isla nos regaló un buen rato de navegación excepcional, con un viento óptimo y poca mar. A pesar de que las condiciones eran inmejorables, estábamos tan fatigados que sólo pensábamos en poder descansar un rato. Si había alguna reflexión por hacer en aquella última etapa de la travesía, tendría que esperar.

* * *

Después de 118 millas de navegación, llegamos al pequeño puerto. Conocía bien Sanitja porque había ido algunas veces con Aleix, mi vecino y amigo pescador. Él se refugiaba allí cuando le sorprendía la tramontana a bordo de su barca y no podía llegar a Fornells.

Tan pronto como pude comprobar que estábamos bien fondeados, Sonia y yo bajamos a la cabina para recuperar las horas de sueño atrasado.

Cuando nos despertamos, casi a las seis de la

tarde, el viento había amainado bastante y había rolado a poniente. Recuperados, lo veíamos todo de otro color. Abordábamos el resto del camino hasta Ciutadella con mucha más tranquilidad. Sin prisa, pero también sin pausa, levamos el ancla y pusimos rumbo a Ciutadella, empujados suavemente por el motor. Teníamos por delante las últimas 18 millas de travesía, unas tres horas largas, y después, el último tramo del viaje por tierra hasta Fornells. Llegaríamos —si no había más sorpresas— bien entrada la noche.

Comenzamos a recorrer la costa norte de Menorca, una costa que conocíamos a la perfección y que adorábamos. La habíamos recorrido cala a cala, rincón a rincón, infinidad de veranos, y nos traía muchos recuerdos. Dejamos atrás el Cabo de Cavalleria y la Isla des Porros. A proa teníamos Binimel·la, Cala Pregonda y Cala Pilar.

Relajados y tranquilos, nos instalamos cómodamente en la bañera de popa e iniciamos la reflexión que teníamos pendiente. Repasamos los acontecimientos de aquella misma mañana: a causa del temporal, no habíamos podido mantener el rumbo y habíamos perdido un montón de horas. En resumidas cuentas, nos había obligado a cambiar nuestros planes, tanto en lo referente al puerto de llegada como a los horarios previstos.

—Las cosas han salido muy diferentes de lo que nos esperábamos —dije a Sonia.

—Sí. Hemos acabado haciendo una escala en Sanitja y llegaremos a Ciutadella con unas cuantas millas más de navegación a nuestras espaldas y unas horas de retraso.

—De todas maneras —comenté—, estoy convencido de que hemos hecho lo que teníamos que hacer. Hemos aguantado lo que era razonable. Mantener el rumbo directo a Ciutadella habría sido forzar demasiado las cosas. Quién sabe si hubiéramos acabado teniendo algún disgusto.

—Y, probablemente, la travesía nos habría dejado un mal sabor de boca.

Después de un silencio, Sonia prosiguió:

—Es la ley del mar, ¿no?: tú puedes tener tus planes, pero te has de adaptar a lo que te encuentras en cada momento. Ayer por la tarde, con el levante, quizá hubiéramos tenido que volver a puerto si el viento hubiese soplado un poco más fuerte. Y esta mañana, con el temporal de sur, hemos renunciado a seguir el rumbo trazado. Hemos acabado, incluso, cambiando el puerto de destino y haciendo una pausa que nos convenía...

—... y que, todo sea dicho, nos ha permitido disfrutar de unas últimas horas que nos están resultando preciosas y que, seguramente, serán las que recordaremos con un cariño especial.

—Sí, pero lo que está claro es que el mar nunca

te deja hacer las cosas como las habías previsto. Te exige flexibilidad. El mar no es para los que tienen prisa, ni para los que tienen una fecha fija de llegada. No es para los que tienen los planes muy definidos y no están dispuestos a cambiarlos. Es para los que se marcan una dirección, un rumbo, y se dejan ir guiando por los acontecimientos.

Compartía totalmente aquella visión del mar y, de hecho, era una de las cosas que más me fascinaban de navegar.

—A lo largo de nuestra travesía —añadí—, hemos sabido ir variando nuestro rumbo, nuestros planes, y, siguiendo la ley del mar, nos hemos adaptado a los acontecimientos... Y me temo que todo esto es precisamente lo que nunca hacemos cuando nos comunicamos. No nos seguimos el uno al otro. No nos adaptamos a lo que va sucediendo. Nos fijamos un destino, trazamos un rumbo, marcamos un horario de llegada... ¡y vamos hasta el final!

—¿Por qué lo dices?

—Por todas las veces que hemos llevado una conversación demasiado lejos, sin darnos cuenta de que el otro necesitaba una pausa. O que la hemos planteado con excesiva prisa, sin seguir el ritmo del otro.

Los dos estábamos de acuerdo. En mi caso, me era fácil revivir unas cuantas ocasiones en las que había forzado el ritmo o había ido mucho más lejos de lo que podía ir. Por la prisa de resolverlo todo de una tacada, por no identificar hasta dónde podía llegar.

—Y sobre todo —dijo Sonia—, todas las veces que hemos *estirado* del otro en lugar de acompañarlo, haciéndole seguir un rumbo que no era el suyo.

Supongo que leyó en mi cara una cierta expectación porque, en seguida, añadió:

—Piensa en por qué estamos aquí, y mira lo que ha hecho Max con nosotros. Habría podido darnos sus consejos, enviarnos la teoría, y en vez de esto ha preferido que lo descubriéramos nosotros, que hiciéramos el trabajo a nuestro ritmo, invirtiendo el tiempo que nos hiciera falta. Sólo nos ha señalado una dirección, y nos ha dejado que siguiéramos nuestro propio rumbo. Ha querido que lleguemos a nuestras propias soluciones, sin proponernos las suyas.

—Porque lo que a él le funciona, no necesariamente tiene por qué funcionarnos a nosotros.

Conociendo como conocía a Max, sabía que es esto lo que hacía siempre cuando alguien recurría a él en busca de soluciones. Max sabía que los consejos no ayudan, que no dejan que uno descubra por sí mismo las cosas. Ahorran tiempo, pero no ayudan a crecer.

Se notaban las horas de descanso en Sanitja después de la tempestad. Habíamos dado con una clave importante. De inmediato, fuimos a buscar el cuaderno para anotar el capítulo final.

20.05h

Después de una pausa reparadora en Sanitja, costeamos rumbo a Ciutadella con un agradable poniente. Siguiendo el curso de los acontecimientos, hemos cambiado nuestro rumbo y nuestros planes, adaptándonos a las circunstancias que nos hemos ido encontrando. Así lo exigen las reglas del mar. Esto nos ha permitido llevar a cabo con éxito la travesía y guardar un muy buen recuerdo final.

Hemos descubierto que esta misma flexibilidad es la que necesitamos en nuestra comunicación. Que hemos de acompañar al otro, caminando a su lado, y asegurarnos de que avanzamos a su ritmo. No podemos correr demasiado, ni quedarnos demasiado lejos. Hemos de seguir su camino, dejándolo que llegue por sí solo a sus propias soluciones.

Acompañar, sin forzar ni el tiempo ni el rumbo, es la quinta y última habilidad que hemos descubierto para la buena comunicación.

El día se apagaba y el atardecer, nuevamente, nos ofrecía un juego de luces increíble. Pasamos por delante de Algaiarens disfrutando de la maravillosa vista de la playa con los pinos bordeando el límite del agua y recordando las veces que habíamos pasado la noche bajo aquellos árboles. Después, enfilamos el impresionante acantilado de Cala Morell. Ciutadella ya estaba muy cerca.

Nuestro diálogo me sugería una reflexión a propósito de la habilidad de acompañar: ¿hasta qué punto hemos o no hemos de decir lo que pensamos a los otros? Se me ocurrían mil ocasiones en que había visto gente que lo hacía, que verbalizaba sin censura todo aquello que pensaba, pero me preguntaba si era para ayudar al otro o porque ellos lo necesitaban. Yo soy de los que prefiero callarme según qué cosas.

En algunos casos quizá debido a una falta de valor, pero en muchos otros mi reserva era consecuencia de lo que para mí significa la sinceridad: pienso que se ha de decir al otro lo que está preparado para recibir, pero nunca ir más allá. No creo que sea una virtud herir en nombre de la sinceridad.

Al ver Punta Nati delante de nosotros, y por tanto el final inminente de nuestra travesía, me permití una última pregunta: ¿me acompaño yo de verdad a mí mismo? Porque si no soy capaz de hacerlo conmigo, es poco probable que lo sepa hacer con los otros. Si no soy generoso conmigo, si me critico y me exijo y no me concedo el tiempo necesario para las cosas, ¿cómo puedo serlo con los demás?

El faro de la entrada del puerto de Ciutadella me hizo volver a la navegación. Veintinueve horas y dieciséis minutos después de nuestra salida, y con 134 millas recorridas, estábamos a punto de finalizar, ahora sí, nuestra travesía.

Capítulo 6

21 de julio - 21.16 h

134 millas recorridas. Ya hemos llegado a nuestro destino.

Bien entrado el anochecer, el poniente cambió por completo de dirección y dio paso a las primeras rachas de tramontana. Era casi oscuro cuando el *Amic* encaraba la bocana del puerto de Ciutadella. Dejábamos atrás las horas de soledad para adentrarnos en el espectáculo del puerto iluminado y repleto de gente que paseaba o comía alguna cosa en los restaurantes situados en el mismo muelle, muy cerca de las embarcaciones. Amarrar el velero significaba el final de la aventura. Los planes no habían salido como estaba previsto, pero llegábamos con un gran tesoro en nuestras manos. Con todo lo que habíamos descubierto, comenzaba una nueva etapa para nosotros. Teníamos el cuaderno de bitácora para recuperar nuestro rumbo.

* * *

No habíamos estado en Fornells desde el verano anterior, y en circunstancias muy diferentes. En esta ocasión, por primera vez en la vida, no habría nadie para recibirnos. Llegamos al jardín, que estaba totalmente a oscuras. Nada más entrar en casa, vimos un par de cartas que Aleix, probablemente, y como acostumbraba a hacer, nos había pasado por debajo de la puerta. Una de ellas nos llamó la atención.

Reconocimos la letra de Max y la abrimos de inmediato.

Queridos amigos,
Si leéis esta carta es que estáis en Fornells, que habéis hecho la travesía y que, además, la habéis completado con éxito.

Estoy seguro de que habéis vivido una experiencia intensa. Que habéis descubierto lo que os distancia y lo que os une. Que habéis encontrado vuestras propias respuestas.

Pero todo esto no tendrá ningún sentido si no tenéis en cuenta qué es lo que hay detrás de toda comunicación: comunicar es lo que nos ayuda a crecer y, cuando comunicamos, lo hacemos para amar.

Leímos la carta de Max con emoción. Era el epílogo ideal de nuestro cuaderno de bitácora, y en el mismo cuaderno la guardamos.

La tramontana comenzaba a soplar con fuerza. Se oían los primeros silbidos. Con las palabras de Max todavía frescas en la memoria, salí al jardín. La luna —aquella luna tan especial, tan grande y de un naranja tan intenso que sólo recuerdo haberlo visto en Menorca— acababa de salir. No pude evitar echar un vistazo a las ventanas cerradas de la casa de mis padres. Mi padre nos había dejado aquella primavera. Y con él, había desaparecido la entrañable y cálida sensación de llegar a Menorca y encontrar la mesa puesta, un sinfín de afecto esperándonos y una larga sobremesa. Nos sentíamos queridos —como decía Max— nada más percibir el olor del mar, el viento y la proximidad de Fornells. Delante de aquellas contraventanas cerradas recordé todo lo que habíamos compartido.

No todo había sido a través de las palabras. No todo nos lo habíamos dicho cara a cara. Yo le había transmitido mi amor a través de mis cuentos. Él, con los juguetes que cada año hacía a los nietos para la noche de reyes, con multitud de pequeños regalos que construía en su taller para cada uno de nosotros, y con muchísimos otros detalles.

Los ojos se me inundaron con lágrimas de añoranza al mirar de nuevo aquellas ventanas cerradas, a pesar de saber que, muy pronto, en las vacaciones de verano, mi madre las volvería a abrir para recibir a hijos y nietos, y que todavía me quedaban el mar y cada rincón de Menorca para recordarlo.

Barcelona, octubre de 2005

Cinco habilidades para la comunicación personal

Comunicar es como hacer una travesía, desde los preparativos en tierra firme hasta la llegada a puerto, pasando por todas las etapas de la navegación. Es una travesía que se ha de ir recorriendo etapa tras etapa, sin saltarse ninguna y en el orden correcto.

A cada etapa de la comunicación le corresponde una habilidad clave, que es la que permite que se pueda superar cada tramo del camino y continuarlo.

Éstas son las cinco habilidades que a mí me han llevado a una nueva manera de comunicarme con la gente y a dar un giro de 180 grados a mis relaciones, tanto en mi trabajo como en mi vida personal.

1. Encontrar tiempo

Comunicar requiere dedicarle tiempo, todo el tiempo necesario. Éste sólo lo encontramos cuando hacemos de la comunicación una verdadera prioridad, que pasa delante de cualquier otra actividad u obligación.

Busca en tu vida tiempo para la comunicación, para hablar las cosas en el momento en que se han de hablar. Sin interrupciones, sin compromisos, sin excusas. Hay que ser capaz de posponer lo que sea si una conversación requiere más tiempo y tener auténtica voluntad de comunicar.

2. Escuchar con atención

Toda comunicación comienza escuchando. Escuchar para descubrir, para aprender, para conocer. Para entender el punto de vista del otro. Escuchar con toda nuestra atención. A menudo no escuchamos porque nos parece que no nos interesa lo que los otros nos pueden decir, o porque nos sentimos amenazados por lo que podríamos oír si les escucháramos.

Cuando inicies la comunicación con alguien, escucha con los cinco sentidos. Lo que el otro te dice, y también lo que no te dice pero que tú puedes descubrir por el tono de su voz o por su mirada. Escucha para saber de verdad qué es lo que el otro te quiere decir, y entonces, sólo entonces, es el momento de hablar.

3. Estar en contacto con los sentimientos

Con tus propios sentimientos y con los del otro. Si no eres consciente de lo que pasa dentro de ti, tus emociones te pueden jugar una mala pasada, gobernar tu comportamiento y hacerte ser como no quieres ser. Sentimos lo que sentimos, y así tiene que ser; lo que no podemos hacer, sin embargo, es ignorarlo.

También es importante ser capaz de captar los sentimientos del otro, de ponerse en su piel, sentir (no sólo entender) lo que siente para conectar con él, saber cómo actuar y poderle ayudar.

Mantente siempre en contacto con tus sentimientos. No comuniques si notas que algún sentimiento te invade, te domina, y te puede hacer perder el control. Y trata de captar los sentimientos del otro. No hagas caso exclusivo de sus palabras, de lo que te dice; ten muy presente el sentimiento que se oculta detrás de ellas. Ponte en su piel y trata de sentir como él se siente.

4. Aceptar sin juzgar

Aceptarnos nos acerca. Juzgarnos nos aleja. La comunicación necesita la plena aceptación del otro, tal como es y en el momento personal en que se encuentra. Aceptar no significa estar de acuerdo, pero sí querer ver al otro tal como es, no como nos gustaría que fuera.

Abre los ojos bien abiertos a la persona que tienes delante cuando te comunicas, para verla y aceptarla tal como es. No pienses si te gusta o no te gusta. No pienses si tú harías o no harías lo mismo. Evita los juicios y las críticas, que son uno de los mayores obstáculos para la comunicación.

5. Acompañar

Acompañar en la comunicación significa avanzar junto al otro, a su lado, avanzando a su ritmo y dejando que llegue por él mismo a sus propias soluciones. No des consejos, ni vayas demasiado rápido, ni lleves una conversación más lejos de lo que el otro puede aguantar. Deja que el otro descubra las cosas por sí mismo. El descubrimiento tendrá mucho más valor. No hagas seguir a los otros unos caminos que no son los suyos. Tus soluciones han sido buenas para ti, pero no tienen por qué serlo necesariamente para los otros.

Ésta es la travesía de la comunicación. Una travesía que hemos de hacer teniendo bien presente cuál es el destino final, el puerto de llegada: que la comunicación nos ayude a crecer como personas y que, cuando comuniquemos, sea para amar.

Anexo

La Rosa de los vientos*

Los vientos se diferencian seg n la direcci n en que soplan. Por convenio siempre se toma la direcci n de donde proceden. Para denominar un cierto viento, o bien se habla del sector geogr fico concreto desde donde sopla, o bien se le da un nombre propio. En Catalu a existen muchos nombres para designar a los vientos, dependiendo tanto del mbito geogr fico como de las situaciones meteorol gicas determinadas, aunque en la Rosa de los vientos se presentan los siguientes nombres gen ricos:

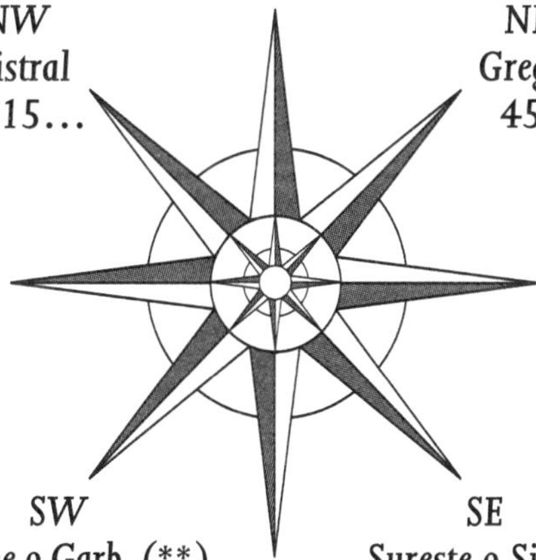

(*) Informaci n procedente de www.meteocat.com/mar/rosa.htm
(**) El lebeche corresponde al viento del SW impulsado por las situaciones depresionarias, mientras que el nombre de garb es mejor utilizarlo para la marinada que en Catalu a toma esta direcci n (SW o SSW) en muchos tramos de la costa.

La Rosa de los vientos

Sectores (en grados sexagesimales) correspondientes a cada viento:

- *Viento del norte o tramontana (N):* de 337.5... a 22.5...
- *Viento del noreste o gregal (NE):* de 22.5... a 67.5...
- *Viento del este o levante (E):* de 67.5... a 112.5...
- *Viento del sureste o siroco (SE):* de 112.5... a 157.5.
- *Viento del sur (S):* de 157.5... a 202.5.
- *Viento del suroeste, lebeche o garb (SW):* de 202.5... a 247.5.
- *Viento del oeste o poniente (W):* de 247.5... a 292.5.
- *Viento del noroeste o mistral (NW):* de 292.5... a 337.5.

Cuando la direcci n del viento oscila en m s de 45... se habla de vientos de componente:

- Los vientos de componente norte est n entre 315... y 45...
- Los vientos de componente este est n entre 45... y 135...
- Los vientos de componente sur est n entre 135... y 225...
- Los vientos de componente oeste est n entre 225... y 315...

Escala Beaufort

	castellano	m/s	Kt (nudos)	km/h
grado 0	calma	0 – 0,2	menos de 1	0 – 2
grado 1	ventolina	0,3 – 1,5	1 – 3	2 – 6
grado 2	brisa muy débil	1,6 – 3,3	4 – 6	7 – 11
grado 3	brisa débil, flojo	3,4 – 5,4	7 – 10	12 – 19
grado 4	bonancible, brisa moderada	5,5 – 7,9	11 – 16	20 – 29
grado 5	brisa fresca, fresquito	8,0 – 10,7	17 – 21	30 – 39
grado 6	brisa fuerte, moderado	10,8 – 13,8	22 – 27	40 – 50
grado 7	frescachón, viento fuerte	13,9 – 17,1	28 – 33	51 – 61
grado 8	temporal	17,2 – 20,7	34 – 40	62 – 74
grado 9	temporal fuerte	20,8 – 24,4	41 – 47	75 – 87
grado 10	temporal duro	24,5 – 28,4	8 – 55	88 – 101
grado 11	temporal muy duro	28,5 – 32,6	56 – 63	102 – 117
grado 12	temporal huracanado	más de 32,7	más de 64	más de 118

Escala Beaufort

	castellano	catalán	inglés	francés	italiano
grado 0	calma	calma	calm	calme	calma
grado 1	ventolina	ventolina	light air	très légère brise	bava di vento
grado 2	brisa muy débil	vent fluixet	light breeze	légère brise	brezza leggera
grado 3	brisa débil, flojo	vent fluix	gentle breeze	petite brise	brezza fesa
grado 4	bonancible, brisa moderada	vent moderat	moderate breeze	jolie brise	vento moderato
grado 5	brisa fresca, fresquito	vent fresquet	fresh breeze	bonne brise	vento teso
grado 6	brisa fuerte, moderado	vent fresc	strong breeze	vent frais	vento fresco
grado 7	frescachón, viento fuerte	vent fort	near gale	grand frais	vento forte
grado 8	temporal	temporal	gale	coup de vent	burrasca
grado 9	temporal fuerte	temporal fort	strong gale	fort coup de vent	burrasca forte
grado 10	temporal duro	temporal molt fort	storm	tempête	tempesta
grado 11	temporal muy duro	temporal violent	violent storm	violente tempête	tempesta violenta
grado 12	temporal huracanado	huracà	hurricane	ouragan	uragano